Haiku de Sangre

-*Anny Concepción*-

Colección Fucsia

Haiku de Sangre

-Anny Concepción-

Haiku de Sangre
2017

Copyright © 2017 EDITORIAL ROSADO FUCSIA
COLECCION FUCSIA

DISEÑO DE PORTADA: Jael Uribe
FOTO Y OBRA DE PORTADA: Fermín Ceballos, Rendijas
Dimensiones: 30x40/ Ténica: Mixta sobrelienzo (2005)
DISEÑO Y ARTE FINAL: Editorial Rosado Fucsia

Correción de texto a cargo de la autora.

ISBN: 978-9945-9075-0-6

http://editorialrosadofucsia.blogspot.com
Email: rosadofucsia@gmail.com

Contenido

Palabras de la autora | **9**
224 Haikus | **11**
Unas palabras | **57**
Sobre la autora | **61**

De la Autora...

Si pudieras decirlo con palabras no habría razón para pintar
Edward Hopper

Haiku de Sangre, visto desde esta dimensión 3D, invisible o imaginario, implica una afiliación entre mis pinturas y mis haikus.

Comprendiendo esto, da a la existencia de este libro, como una obra pictórica dentro de una gran exposición que comprende siempre mi objetividad y la vía sustituible de expresar una idea hecha realidad.

Anny concepción

1

Sangre veneno
Dulce sabor frutal
Es de tus besos.

2

Ángel pariendo
Abortando la noche
Con cólera luz.

3

Muy agracias
Son las caras sagradas
De tu desgracia.

4

Balas de palo
Incapaz de matarme
Como mi amante.

5

Brujas conspiran
Mojando las salivas
Con duras cuerdas.

6

Luz de Cintillo
Coloreado arcoíris
Ídolo infantil.

7

Como cascada
Ordenadas partículas
Geométricamente.

8

Dulce agua pasa
Con vestidos de piano
Quitando sed.

9

Prematuro abril
De contracción taurina
Que aquí nací.

10

*Entrelazarnos
Conspirando ansío
Atando dedos.*

11

*Sin negras lágrimas
Sin dolor ni los llantos
La despedida.*

12

*Falta de tiempo
Para joder y joderme
Sin cable ni red.*

13

*Hombre paloma
Que plumas no te faltan
El propietario.*

15

*Opacas uñas
Por el reflejo lunar
Sombras de palmas.*

16

Embotellado
Encuentra mi paz
Papel de fumar.

17

Lirios oscuros
Los imperios de pastos
Ir a la muerte.

18

Reencuentro tu amor
Sorpresa del tiempo es
Maravilloso.

19

Atomizados
Corazón y razón
Creación tuya.

20

Torso eres fuerte
Enfrentando pasiones
Amor perdón.

21

Ser compactados
Amor ondulado
Postrado ante ti.

22

Ir a tu cuerpo
Sin ganas de regresar
Molesta vivo.

23

Mientras espero
Mi proyecto espontáneo
Ver tu mensaje.

24

Son superadas
El ritmo oxigenado
De mi locura.

25

Miles disculpas
Es lo que estoy creando
Arrepentida.

26

Yo rara y llena
A tu lado me encuentro
Después de amarme.

27

Palma a montones
Las que son ocupadas
La fértil tierra.

28

Cada día paso
Sin ver hacia los lados
La vida ajena.

29

El taxi agenda
Donde va y con quien
Sorpresa nueva.

30

Común destino
Camino marginal
Fiel compañía.

31

Trama de tu voz
Ejercido tu poder
Es al hablarme.

32

Jamás pensara
El silencio compartir
Con tu memoria.

33

Transparente orbe
Repentina al mirarte
Soy la engañada.

34

Una es y otra
A veces llegan cartas
Como tus días.

35

Los compueblanos
Nacidos de las madres
De un solo padre.

36

Anclada espero
Como botes sin velas
Verte de nuevo.

37

Alfombra dócil
Tu atropellada piel
Para mí siempre.

38

Conquistadores
A carentes mujeres
Hombres umbríos.

39

Impresora azul
Es funcional sin mi alma
Pensarlo más.

40

Acción virtual
Ritual de mis instantes
Sin pro ni contra.

41

*El fuego oscuro
Es consuelo sólido
Que él me está amando.*

42

*Sin medida es
Atada y mal postrada
Mordiendo venas.*

43

*Finas las venas
Conjugando la muerte
Listas palpitan.*

44

*Vivas o muertas
Pequeñas perspectivas
Hojas de golf.*

45

*Sed de ti siempre
Los ritmos que palpitan
Cuando te deseo.*

46

*Existencia real
De mis tetas prendidas
Formadas de ideas.*

47

*Mientras te miro
Son tomados los tragos
Excitándome.*

48

*Mirando tomo
A través de tu boca
Mi amargo trago.*

49

*Mi vena vertical
Es feliz y vivida
Rota por ti.*

50

*Tiempo repara
En el corazón roto
Mentira oscura.*

51

Sin mí a llamar
El parto de San Juan
Las madres del sur.

52

Unas furiosas
Otras calmadas de pan
Vieja costumbre.

53

Hábito absurdo
Al calentarte el sexo
Rosado osado.

54

Tinta de sangre
Respiro demoníaco
Tinta sangrienta.

55

Papel de piel
A mordidas dibujas
Cuerpo de mujer.

56
Piel erizada
Culpable tus pulgares
Calor interno.

57
Dicho con la miel
Mentira del diablo
Excitante es.

58
Aliento el viento
Que lleva mis pasiones
Va escondiéndolo.

59
Maravillado
El soleado bronceado
Menos tu pueblo.

60
Hicieron rutas
El tiempo del origen
Los del país de Orión.

61
Nicho reptil
Las caricias de cremas
En manos tuyas.

62
Ojos de cuervos
Nunca vistos por ellos
Mirando guerra.

63
Saludo absurdo
Toda la música escrita
Entre líneas.

64
Miento de frente
Con ira enamorada
Ebria de engaños.

65
De ti deseos
El hombre y marido
De otra amiga eres.

66

Las compulsiones
De las voces pregunta
Miente o vive.

67

Signo de espada
En medio de mujeres
Figura del alma.

68

Firme de ideas
Más letras que tu boca
Lindas palabras.

69

Sin edificios
Fechas de navidad
Ciudad carnal.

70

Cuerpo al sentir
Compostura viril
Son de tus labios.

71

Laguna encuentro
Por la prosa comprende
Buscando abriles.

72

Encuentro lagos
Caminando contigo
Sobrina amada.

73

Sed de placeres
Inducción al tomarte
Poquito a poco.

74

Las retenciones
Historias de placer
Todos los vinos.

75

Bravura al tomar
Es placer beberte
El vino en copa.

76

Sin darme cuenta
Estoy llamando al diablo
Jodiendo tanto.

77

Presente estás
Conspirando a tu forma
Eres de mí.

78

Luz poderosa
Las sembradas están
Fuego inerte.

79

Son malabares
Con los sueños mojados
Palos premiados.

80

Luz sin vereda
Adivinando pasos
Con la pineal.

81

Conquistadores
Sordas olas saladas
Intensa paz.

82

Mis inquietudes
Las he guardado al ciento
Inaccesible.

83

Pequeños soles
En mi memoria diaria
Toman mis senos.

84

Sol incesante
Que va arreglando el daño
En altas lomas.

85

El sol me reta
Con dejarme extasiado
Mis labios rotos.

86

*Miles campiñas
Llenas de gracia falsa
De ópalos caóticos.*

87

*De ti celosa
La miel de pastos verdes
De dulce calor.*

88

*Pequeñas rosas
El principal vestido
De toda piedra.*

89

*Pan de recetas
Arroja en amarillo
Villas de trigo.*

90

*Luz intranquila
Como flores del prado
Sol desafiante.*

91

*Dominicanos
Con colores tejidos
Onda bandera.*

92

*Con furia muero
En carretera gris
Pasando días.*

93

*Las margaritas
Abiertas y coquetas
Como geometría.*

94

*Dulce agua pasa
Con vestidos de piano
Mi voz tocando.*

95

*Temprano abril
De contracción taurina
Aquí nací.*

96

Energía total
Que compacta la nada
Sin paz ni nada.

97

Como olvidarte
Insistencia en mi sangre
De mis ancestros.

98

Masculinidad
Desmenuzado tallo
Tu ausente signo.

99

Sudor carnudo
Encuentro certero
Con corazones.

100

Como las espías
Que busco día a día
Un amor muerto.

101

El horizonte
Pasa desde mi punto
Fin del destino.

102

Fiesta del diablo
Carne, fuego y sangre
El carnaval.

103

No me gustaría
Tener sexo contigo
En otra vida.

104

Vidrio abajo
Color, brisa, sal y luz
Lo siento al pasar.

105

Tierra sureña
Donde vivo, soy y existo
Batey de sal.

106

Libertad grita
La cosecha y siembra
Al pasar batey.

107

Pez laberinto
Marcando camino va
Mintiendo el agua.

108

Tribuna antigua
Página actual repaso
Como isla inhóspita.

109

Reloj de luz
Que ordena las sombras
Por solar muerte.

110

Casan por piernas
Vergüenza triste
Tu asco desecho.

111

Marrón y cuero
Cubre fangos vacunos
Y es un mal sueño.

112

Planchada ruta
Al lugar me llevarías
Politizada.

113

Cal interés
Como flores del prado
Nueva frontera.

114

Piedras colgadas
Diamantes almendrados
De cuello y mano.

115

Concuerda el rito
De láminas de ratas
Sucio paisaje.

116

Destino de axis
Cura, juro y sueño
Atardecer.

117

Bolitas frías
Diamantes con luz
El mar destila.

118

Mar fantástico
Más que loco caótico
Y frío a la vez.

119

Tinta de sangre
Son mis sueros y memorias
En lo distante.

120

Es la voz de las aves
Ensordecientes
Entre las hojas.

121

Pan de receta
Arroja en amarillo
Villas de trigos.

122

Karma constante
Consciente o inconsciente
De libre elección.

123

Calmadas mis tintas
Cubren mojados mares
De mis escamas.

124

Sol de cajón
En mi retina observo
La luz en todo.

125

Tu voz cardinal
Mujer de cada punta
Fuerza de imperio.

126

*Como cascada
Ordenadas partículas
Geométricamente.*

127

*Cintillos de luz
Por líneas de color
Ídolo en cuentos.*

128

*Es alegre café
Descubro al ingerirte
Negra alma interna.*

129

*Alma ajustada
Estructura del vacío
Corazonada.*

130

*Venas concretas
Las ventanas cuadradas
Al lado mio.*

131

Sangre veneno
Dulce sabor fruta
Es de tus besos.

132

Muy agraciadas
Son las caras sagradas
De tu desgracias.

133

Letra de nombre
Están escroto por dios
Para el demonio.

134

Mi vida y tú
Separadas o juntas
Borran el tiempo.

135

Impares números
Me dice el celular
Que cuenta tu edad.

136

El sol intenso
Como héroe comprado
En sueños quema.

137

Suave acordeón
Tocado por mi abuelo
Desde los muertos.

138

La continúa adicción
El anís del camino
Que me da alegría.

139

Ángel pariendo
Abortando la noche
Con cólera luz.

140

Ventana abierta
Ruido, ruido, furia
Siento en mi pelo.

141

*Fiesta para dios
Que conmueve mi paz
Dolor mensual.*

142

*Alma conquista
La belleza expuesta
Al olvidarte.*

143

*Más de una vez
Ritmos de corazón
Al estar viva.*

144

*Compostura eres
Uniéndote conmigo
Metido en mí.*

145

*Ojos con cables
Al mirarnos despiertos
Paralizados.*

146

*Tránsitos oblicuos
Los caminos oscuros
Son intocables.*

147

*Cáscara de miel
Agrícola sustancia
Agrio tu sabor.*

148

*Tarántula Eva
Sin espinas naciste
Salida del mar.*

149

*Fantásticos
Los artistas extasiados
Igual su obra.*

150

*Ya son más de uno
Hombres que faltarán
Viajar sin besos.*

151

Ventanas largas
Las que solo pienso
Las que no tengo.

152

En punta cana
Toda cana no es punta
Pero si palma.

153

Sin instrumento
Se escuchan los avisos
De cualquier cosa.

154

Pendejas quejas
Hechas por quien te ama
No sé porque.

155

Mirando asqueada
Los dos ojos dorados
Destila oro.

156

*Pastillas rosas
Administrando vidas
Las que envenenan.*

157

*Agenda Roja
El absurdo poder
Organicemos.*

158

*Disfrutándote
Como rosas a mis pies
Calor del sol.*

159

*Por ti mi furia
Es capaz de matarte
Para hacerte mío.*

160

*Recuerdos tuyos
Es raíz de mi mente
La actual tormenta.*

161

*Simbología
Colgados en mis sueños
Por realidad.*

162

*Pendejos libros
Como leyes impuestas
De religiones.*

163

*Son miserables
Del abuso exclusivo
Todas las madres.*

164

*Vienes a mí
La gigante guitarra
Que está en Disney World.*

165

*Tremendo invento
Los aviones eléctricos
Para ir y venir.*

166

*Miles las grapas
que ensamblan la esquina
De lo ilegal.*

167

*Constante busco
Instrumento de muerte
Para hacerte feliz.*

168

*Llavero azul
Que aquí Nunca dejaste
Para cerrarme.*

169

*Manera absurda
Ignorándome siempre
De decir te amo.*

170

*Área asistida
De matar por encargo
Toda pasión.*

171

*La cruz inversa
Me da igual a lo real
A ti te aleja.*

172

*Los míos están fríos
Perdidos en la cama
Buscando tus pies.*

173

*La luz no apagas
En el rincón de amor
Que el odio opaca.*

174

*Esta enganchada
Para sufrir tu cuerpo
Hogar de almas.*

175

*Amplio portal
Mal ajeno defiendo
Sin penetrarlo.*

176

Por vivir en paz
Las terribles llamadas
Sorda me hago.

177

Descubrimiento
Luz en la oscuridad
Son mis sorpresas.

178

Bolsas de llaves
Trae la muerte en risas
Para que pases.

179

Espada en mano
Cobarde enamorada
Por si me atacas.

180

Optimizado
Ordenador cargado
Sin conectarlo.

181

Cartas sin sobres
Las recibo de ti
Con fecha antigua.

182

Dibujo oxido
En cavernas expuestas
Rastro de un ex.

183

Agonía enferma
El esperarte siempre
Llegaré a vieja.

184

Natural Puente
De hilo rojo invisible
Hecho por brujas.

185

Adjunto flechas
A páginas completas
De la obra escrita.

186

Sabor amargo
Por darte de la hierba
Que me comí.

187

Archivo de tu amor
Que guardado sin copia
Como una piedra.

188

El sudor o lágrimas
Ahogada esta de ellos
y es por tu culpa.

189

Nube nocturna
En las tardes del oeste
Tatuaje diario.

190

Negra tarjeta
Me diste al conocerme
Fue De inmediato.

191

*Sales marinas
Miradas clandestinas
En el caribe.*

192

*Mayores flores
Invisible en el pecho
De toda mujer.*

193

*Emocionante
Los seres de otra vida
Es recordarlos.*

194

*Club de las calles
Apagados faroles
Ley ninguna.*

195

*Son desbloqueados
Accesos en mi vida
Falta de pago.*

196

*Ruta de odio
Destino y retorno
De las hormigas.*

197

*Papas picantes
Sábado por la tarde
En aquel bistro.*

198

*Desconectados
Por falta de alambres
Mal dibujado.*

199

*Ochenta Haiku
Elección de un ahora
Que es multidimensional.*

200

*Te di mi sangre
Por amor y desvelo
Hace veinte años.*

201

Apuesta noche
Inolvidable julio
Ultima infancia.

202

Rica la brisa
Que olores y memorias
Los recuerdos traen.

203

A pura fuerza
Alineados los chagras
Después del llanto.

204

Llueve las ansias
Vibrando con relámpagos
Mojando todo.

205

Remueves pasos
Cosechando en otoño
Las hojas muertas.

206

Para no morir
Tomaré las partillas
Contraindicadas.

207

Es delicioso
Si son míos y no de otra
Todos los hombres.

208

Tu voz resuena
Entre todos tus pájaros
Diciéndome algo.

209

Sin diferencias
La mayoría de los símbolos
Lo cual es real.

210

Raíces al aire
Con las cuerdas de ceras
En nuestro acuerdo.

211

Cambian las hojas
Las dos plantas de mis pies
Que hace falta.

212

Itinerante
Los viajes en tu cuerpo
Mi estupidez.

213

Amor distante
Cortados por tijeras
Toda tu ausencia.

214

Plantas rosales
Lo Más lejos del sol
Tu amor eterno.

215

Arquería ingenua
Que mi torso practica
Medieval constante.

216

Razones sobran
Más que motivos morir
Porque ya no estas.

217

A pura fuerza
Alineados los chagras
Después del llanto.

218

Llueve las ansias
Vibrando con relámpagos
Mojando todo.

219

Mi vida y tú
Separadas o juntas
Borran el tiempo.

220

Con o sin ti iré
A morir en la pieza
De tu falsedad.

221
Tranquilo muelle
sin hora definida
como aquel mantra.

222
Una sorpresa
al impronto paisaje
que un sueño era.

223
El puerto de hadas
que los dioses nos presta
para soñar.

224
El me espera o va
en puerto solitario
para dormirnos.

Unas Palabras

Cuando fui invitado por la poeta Denisse Español a dictar la conferencia en el círculo literario de Punta Cana, entre quienes leyeron en el acto central estuvo Anny Concepción, quien introdujo en su lectura unos haikus que sin duda parecían provenir de una persona ya iniciada en las lides de la literatura y la estimulé a que continuara. Hace unos días recibí un correo con un libro y la encomienda de ella de escribirle el prólogo. Recordé entonces lo que nos dijo el destacado poeta de la generación del 60, Miguel Alfonseca, cuando el gran escritor Ramón Francisco escribió el prólogo de su libro *La Guerra y los Cantos*, y alguien le expresó que el mismo era muy bueno pero, que era preferible que los poemas se leyeran directamente sin estar condicionados por opiniones que podrían prejuiciar al lector.

Tres poetas de mi generación, por lo menos han incursionado en ese género procedente de la cultura japonesa: Rafael Abreu Mejía, José Molinaza y Alexis Gómez Rosa, sobre todo este último que ha llevado esta modalidad literaria en forma sistemática y con una importante difusión en el exterior.

Precisamente en el prólogo de *High Quality, Ltd.*, Efraín Barradas expresa:

Las dadivas estorban a los viajeros el poeta nos advierte, en tono cortante y económico de sabio oriental, desde el lema mismo de éste, su poemario. Y de inmediato añado: los prólogos estorban a los lectores, especialmente los prólogos que acompañan a estos libros de poesía que tienen como canon la ligereza, el esbozo que caracterizan al haiku.

Seguiré este consejo y sólo reiteraré lo que dije a Anny Concepción cuando escuche sus trabajos por primera vez, pues al leer el libro completo advierto que su factura escritural al abordar esta forma literaria lo hace con madurez y eficiencia, en estos textos que recomiendo porque su lectura nos enriquece y fortalece la nueva poesía dominicana. Ésta se está construyendo día a día en toda la geografía nacional, donde como siempre se pueden seleccionar más de veinte autores que sostienen la tradición del género por excelencia de nuestra literatura.

Mateo Morrison

Anny Concepción

Anny Concepción es artista plástica, nacida en la República Dominicana. Egresada de la Escuela Nacional de Bellas Artes, Mención Artes Plásticas y posteriormente en The Art Students League of New York, mención Drawing, Composition, Color and Painting. Licenciada en Relaciones internacionales con maestría en diplomacia y derecho internacional.

Ha participado en diversas exposiciones colectivas e individuales nacionales e internacionales dentro del marco de festivales artísticos e instituciones del arte.

Anny es haikista. El libro Haiku de Sangre es su primera inclusión dentro del mundo literario.

www.annyconcepcion.com
anidarte@live.com

Esta primera edición de Haiku de Sangre de Anny Concepción
fue realizada por la Editorial Rosado Fuscia
en la República Dominicana en Enero del año
2017

www.ingramcontent.com/pod-product-compliance
Lightning Source LLC
Chambersburg PA
CBHW060220050426
42446CB00013B/3120